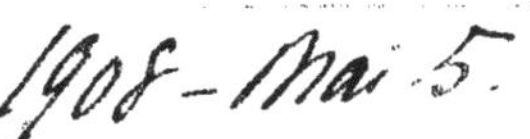

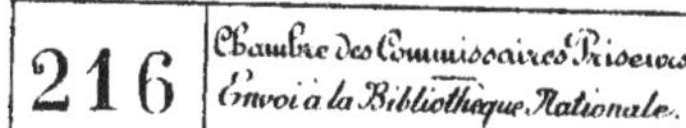

VENTE DU 5 MAI 1908

(HOTEL DROUOT)

Bibliothèque de M. Louis Péricaud

QUATRIÈME PARTIE

OUVRAGES SUR LE THÉATRE

Livres illustrés, Journaux

DESSINS ORIGINAUX

Anciens et Modernes

RECUEILS DE PORTRAITS D'ACTEURS ET D'ACTRICES

PARIS
Librairie E. JOREL
3, Rue Bonaparte, 3

1908

CATALOGUE

DE LA

Bibliothèque de M. Louis Péricaud

LIVRES SUR LE THÉATRE

Ouvrages illustrés, Journaux

DESSINS ORIGINAUX Anciens et Modernes

PORTRAITS D'ACTEURS ET D'ACTRICES

La Vente aura lieu

le MARDI 5 MAI 1908

à deux heures précises

HOTEL DROUOT, SALLE N° 7

Par le Ministère de **M**e **André DESVOUGES**, Commissaire-Priseur

26, Rue Grange-Batelière

Assisté de **M. E. JOREL**, Libraire

3, Rue Bonaparte, 3

Voir l'ordre de la VACATION, à la fin du Catalogue

MM. les Amateurs pourront visiter la Collection, 3, rue Bonaparte.

du 30 Avril au 2 Mai, de 2 à 5 heures

CONDITIONS DE LA VENTE

La vente se fait au comptant.

Les acquéreurs paieront 10 pour cent en sus du prix d'adjudication.

Les livres vendus devront être collationnés dans les vingt-quatre heures de l'adjudication. Passé ce délai ils ne seront repris pour aucune cause.

M. E. JOREL se réserve la faculté, dans l'intérêt de la vente, de réunir ou de diviser les numéros du Catalogue. Il remplira les commissions qu'on voudra bien lui confier.

CATALOGUE de la BIBLIOTHÈQUE

DE M. LOUIS PÉRICAUD

OUVRAGES SUR LE THÉATRE

Dessins Originaux

Journal " Le Charivari " — Œuvres d'Alexandre Dumas — Le Monde Dramatique — Parodies de la fin du XVIIIe siècle — Œuvres de Zola — Ouvrages illustrés.

DESSINS ORIGINAUX

Portraits d'Acteurs et d'Actrices — Costumes du XVIIIe et du XIXe siècle — Ancien Théâtre — Comédie Italienne — Théâtre de la Foire — Opéra — Opéra-Comique — Comédie Française — Théâtres du Vaudeville, des Variétés, du Gymnase, de l'Odéon, de la Porte Saint-Martin, du Palais-Royal — Réunion importante d'albums de dessins originaux composés par **LHÉRITIER** — Théâtre Déjazet — Folies Dramatiques — Renaissance — Eden — Scala — Portraits des Acteurs et Actrices de Drame — Acteurs et Actrices comiques de Théâtres de Drame — Mimes — Cirques — Portraits-Charges — Caricatures d'Artistes, d'Auteurs, de Directeurs — Costumes de Théâtre — Décors.

PARIS
Librairie E. JOREL
3, Rue Bonaparte, 3

1908

CATALOGUE

DE LA

BIBLIOTHÈQUE THÉATRALE

de M. Louis PÉRICAUD

QUATRIÈME PARTIE

Ouvrages sur le Théâtre, Costumes, Journaux illustrés, Ouvrages anciens et modernes.

1. **Bellangé** (Hippolyte). Suite de 18 costumes de la Garde Royale. Lith. de Villain. A Paris, Gihaux frères, un album in-4, cart. de l'époque.

   Jolie suite en belles épreuves

2. **Boulevards de Paris** (Les), (vers 1840). De la Madeleine à la Bastille, grande gravure se dépliant carton in-4 obl.

   Curieux panorama représentant les boulevards sur une seule ligne avec tous les *théâtres du Boulevard du Temple*.

3. **Boulevards de Paris** (Les). Grande lithographie coloriée (par *Ch. Rivière*), et pliée en un carton in-12 obl.

   Toute la ligne des Boulevards vers 1860, depuis la Madeleine jusqu'à la Bastille.

4. **Carmouche.** Auteur dramatique. Les Mémoires en 70 carnets de divers formats.

   Carmouche notait au jour le jour sur des carnets ce qu'il avait fait ou avait à faire, ses divers rendez-vous. Ces notes intimes forment des mémoires très curieux.

   Ces carnets datent de 1832 à 1864, sauf quelques lacunes.

5. **Chansons de France** pour les Petits Français, avec accompagnement de *J.-B. Weckerlin*, illustr. par M. *B. de Monvel*. — **Vieilles chansons** pour les petits enfants avec accompagnement de Ch. *M. Widor*, illustrations de M. *B. de Monvel*. Paris, Plon, s. d., 2 vol. in-4 obl., fig. color., cart. de l'éditeur.

6. **Charivari** (Journal Le), de l'origine 1832 à 1905 inclus. 140 volumes in-4 et in-fol., demi-rel.

Manquent le dernier trimestre 1836, les années 1854, 1865, 1866, 1875, 1876, premier semestre 1877 et 1885.

7. **Cirque Franconi** (Le). Détails historiques sur cet établissement hippique et sur ses principaux écuyers, recueillis par une chambrière en retraite, avec quelques portraits gravés à l'eau-forte par *Fr. Hillemacher*. Lyon, L. Perrin et Martinet, 1875, in-8, fig., cart. dos et coins de percal. r., n. rogn.

8. **Clairville, Siraudin et Koning**. La Fille de Mme Angot, musique de C. Lecocq. Costumes de *Grevin*, vignettes de *Hadol*. Paris, Polo, 1875 — *Meilhac* (H.) et L. *Halévy*. La Vie Parisienne, musique de J. *Offenbach*. Costumes de *Draner*, vignettes de *Hadol*. Paris, Libr. illustrée, 1875. Ensemble 2 vol. gr. in-8, fig. noires et coloriées, br., (couv. cons.)

Premières éditions illustrées.

9. **Courrier Français** (Le), illustré paraissant tous les dimanches. *J. Roques*, directeur. Années 1900, 1901, 1902, 1903 et du 10 avril au 25 décembre 1904.

Illustrations de *A. Willette*, *L. Legrand*, *F. Rops*, *J. Villon*, *Widhopff*, *etc.*

10. **Crinolinomanie**. Suite de 9 lithographies coloriées, par *Th. Guérin*, sur la *Crinoline*. Londres, T. Archer, 1858, album in-fol. obl., cart., lég. mouill. (rare).

11. **Daumier** (H.). *Les Cent et un Robert-Macaire*, composés et dessinés par M. *H. Daumier*, sur les idées et les légendes de *Ch. Philippon*, texte par MM. *Maurice Alhoy* et *Louis Huart*. Paris, Aubert, 1839, 2 vol. in-4, fig., dem. bas. rouge foncé.

12. **Desboulmiers** (A. Jullien dit). Histoire du théâtre de l'*Opéra-comique*. Paris, Lacombe, 1719, 2 vol. in-12, dem.-chagr. roug., non rogn.

13. **Don Quichotte** (Le), rédacteur en chef : *Ch. Gilbert-Martin*. De l'origine N° 1, 20 juin 1874 à fin décembre 1884, onze années en 11 vol. in-fol., cart. toile bleue, non rog. Collection complète.

Nombreuses caricatures coloriées.

14. **Doré** (Gustave). La Ménagerie parisienne. Paris, Bureau du Journal pour Rire, s. d., in-4 cart., lég. taches.

1 titre et 24 lithographies.

15. **Dumas** (Alexandre). *Œuvres*. Paris, Lévy, 316 volumes in-12, d.-veau fauve avec pièces de couleur. (Bel exemplaire).

Les trois Mousquetaires. Vingt ans après. Le Vicomte de Bragelonne. La Reine Margot. La Dame de Montsoreau. Les Quarante-cinq. Joseph Balsamo. Le Collier de la Reine. Ange Pitou. La Comtesse de Charny. Le Chevalier de Maison-Rouge. Le Trou de l'Enfer. Mes Mémoires. Les Mohicans de Paris. Salvator. Les Louves de Machecoul. Louis XV et sa Cour. Impressions de voyage. Souvenirs dramatiques, Théâtre, etc., etc.

16. **Dumas** (Alex.) Le Chevalier de Maison-Rouge, illustrations de *Julien Le Blant*. Paris, Testard, 1894, 2 vol. gr. in-8, fig., broch. Avec la suite à part des 10 eaux-fortes gr. par *Géry-Bichard*, dans un emboîtage.

17. **Dumas** fils (Alexandre). Œuvres diverses. Paris, Lévy et Didier, 5 vol. dont 1 vol in-8 et 4 vol. in-12 dem.-v. fauve avec pièces de couleur.

Le Régent Mustel. Sophie Printemps. Aventures de quatre femmes et d'un perroquet. La Recherche de la paternité. Discours de réception à l'Académie.

18. **Duplessis-Bertaux**, 3 Albums de 12 planches d'après *Duplessis-Bertaux*, format in-8 et in-12, cart.

Suite militaire de différentes armes. Suite des cris des marchands ambulants de Paris. Sujets divers.

19. **Egypte**. Suite complète de 30 belles planches, édition du Photoglob. Vues du *Caire*, d'*Alexandrie* et de *Giseh*, dans un cartonnage élégant avec couverture illustrée, format in-fol. obl.

20. **Fallou** (L.). *Album de l'Armée Française*, de 1700 à 1870, 40 planches en couleurs de *Aubry*, *Bellangé*, *Chaperon*, etc.et 40 planches en noir pour colorier. Paris, La Giberne, 1902, pet. in-4, fig., cart. de l'éditeur.

21. **Gill** (André). *La Lune*, origine 1865, au 17 Janvier 1868, 98 numéros en un vol. in-fol ,fig., dos de percaline bleue.

Collection complète recherchée.

22. **Gill** (André). *L'Eclipse*, de l'origine, n° 1, 26 Janvier 1868, au numéro 400 (25 Juin 1876), 400 numéros en 2 vol. in-fol., fig., d.-rel. bas. (Collection complète).

Nombreuses illustrations d'*André Gill*.

23. **Gill** (André). *La Lune rousse*, origine 10 décembre 1876 au 21 décembre 1879, 159 numéros avec caricatures coloriées d'A. Gill.

24. **Goncourt** (Ed. et J. de). Sophie Arnould, d'après sa correspondance et ses mémoires inédits. Paris, Dentu, 1877, petit in-4, port., br.

25. **Gueullette**. Répertoire de la Comédie Française. Paris, 1885-1891, 8 vol. in-18, portr., br.

26. **Hottenroth** (Fr.). Le Costume, les Armes, les Ustensiles, Objets mobiliers, etc., chez les peuples anciens et modernes. Paris, Guerinet, s. d. in-4, fig. noires et coloriées en livraisons dans un cart.

Manquent : le titre, 4 cahiers et les planches 37 à 72 du tome 2°.

27. **Hugo** (Victor). Le Roi s'amuse. Paris, Sociétés des Publications illustres. 1883, in-4, fig., en livraisons avec emboîtage.

28. **Indicateur** (L') général des spectacles de Paris, des départements de la France et des villes étrangères, par D*** et A***. Paris, 1819, in-12, dem.-bas. à nerfs, dos orné, tr. r.

29. **Jacquemin** (Raphaël). Supplément à l'Iconographie générale et méthodique du Costume du IV au XIXe siècle (315-1815). Collection gravée à l'eau-forte d'après les documents authentiques et inédits. Paris, Nadaud, s. d., 80 planches coloriées au pinceau en 8 livraisons in-fol.

30. **Joly** (A.). Note sur Benoet du Lac ou le *Théâtre et la Bazoche* à Aix à la fin du XVIe siècle. Lyon, Scheuring, 1862, in-8, dem.-chagr. poli. tête dor., non rog. (Couv. conservée).

31. **La Suze** (Mme la Comtesse de). Recueil de pièces galantes en prose et en vers de Madame la Comtesse *de La Suze* d'une autre dame et de Monsieur Pelisson, augmenté de plusieurs élégies. Paris, Gabriel Quinet, 1678, 2 parties en un volume in 12, veau gris.

32. **Lorentz.** Polichinelle, ex-roi des Marionnettes. Paris, Willermy, 1848. cart. non rog., couv. restaurée.

Première édition, long envoi d'auteur signé.

33. **Manne** (E. de). Galerie historique des comédiens de la *Troupe de Talma* avec portraits à l'eau-forte par *F. Hillemacher*. Lyon, Scheuring, 1866 — *Galerie historique des Comédiens de la Troupe de Nicolet* par E. de *Manne* et *Ménétrier* avec dix portraits gravés à l'eau forte par F. Hillemacher. Lyon, Scheuring, 1869, ensemble 2 vol. in-8, fig., dem.-mar. r. avec coins, dos orné, tête dor., ébarb. (Smeers).

33 *bis*. **Milton.** Le Paradis perdu, traduction de *Chateaubriand*, précédé de réflexions sur la vie et les écrits de Milton par *Lamartine* et enrichi de vingt-cinq magnifiques estampes originales. Paris, Am. Rigaud. 1863, petit in-fol., fig. dem.-chagr. bleu, pl. toile.

34. **Monde Dramatique** (Le). Revue des spectacles anciens et modernes. Paris, 1835-38, 1re série, 7 vol. — Le Monde Dramatique. Histoire des théâtres anciens. Revue des spectacles modernes. Paris. Bureaux du Monde Dramatique, 1839-41, 3 vol. Ensemble 10 vol. gr. in-8 dem. rel., fig. dem.-rel., dos et coins de mar. marron, tête dor., non rog.

Fondé par *Gérard Labrunie* et *Fr. Soulié* ; les principaux écrivains y ont pris part ; histoire critique, littérature dramatique, portraits, costumes, décorations. Un des plus riches recueils parus sur le Théâtre. Les 10 volumes réunis sont de la plus grande rareté en cet état.

35 **Muses** (Les) du **Foyer de l'Opéra.** Choix de poésies galantes, satyriques et autres les plus agréables qui ont circulé depuis quelques années dans les sociétés galantes de Paris. Au Caffé du Caveau, 1783, in-8, dem.-veau à coins, dos orné.

36. **New York** (The) dramatic mirror de l'année 1893 à 1901 inclus. 9 années en 11 vol. in-fol. dem.-chagrin vert.

Nombreux portraits d'Auteurs et d'Actrices.

37. **Orville** (Constant d'). Histoire de l'Opéra *Bouffon*, contenant les jugements de toutes les pièces qui ont paru depuis sa naissance jusqu'à ce jour. Paris, Grange, 1768, 2 vol. in-12, veau marb.

38. **Panorama.** Les Boulevards, l'Avenue de l'Opéra et la Rue de la Paix illustrés. Suite de 12 planches coloriées se dépliant et réunies 2 vol. en un vol. in-24 obl., cart.

39. **Parfaict** (Les frères). Mémoires pour servir à l'histoire des spectacles de la foire par un *Acteur Forain*. Paris, Briasson, 1743, in-12, front. gr., veau.

40. **Parodies de la fin du XVIIIe siècle** et du **XIXe siècle**. 42 pièces de tout formats br. ou dér.

Castor et Pollux, 1754. — La Veuve de *Nulcifrote*, parodie de *Didon* par M. *Coursiaux*, 1785. — Les *Quatre Henri*, 1806. — *Nice*, imitation de *Stratonice*, 1793. — La *Targetaole*, parodie d'*Athalie*, An II. — *Histoire de la Révolution de 1830*, pot-pourri. — *Misgoton*, 1828. — L'*Ecole des Béquillards* par *Dumersan* et *Dupin*, 1824. — Le *Voyage de la Mariée*, 1830. — *Folammbo*, 1863. — *Roland à Pont de-Vaux*, 1865. — *Ruy-Brac*, 1838. — *Traversin et Couverture*, 1850. — *La Gammina*, 1857. — *La Tour de Nesle à Pont à-Mousson*, 1861. — *Madelon Lescaut*, 1856, etc., etc.

41. **Parodies de la fin du XVIIIe et du XIXe siècle.** 60 pièces de tout formats, br. ou dérel. en 2 cartons-boîtes.

Zéphire et Fleurette, 1754. — *La Fileuse*, parodie d'*Omphale* par *Vadé*, 1754. — *Le Maître d'École*, 1760. — *Moulinet*, première parodie de *Mahomet second*. — *Raton* et *Rosette*, 1753. — *La Bonne Fille* ou le *Mort Vivant*, 1763. — *La Bonne Femme* ou le *Phénix*, 1776. — *La Lingère*, 1782. — *Céleste*, 1786. — *La Mort de Bucéphale*, 1803 — *Les Vêpres Odéoniennes*, 1819. — *Marie Johard*, 1820. — *Cadet Buteux*, électeur par *Desaugier*, 1820. — *Areste et Pilade*, 1822. — *Le Gueux* ou la parodie *du Paria*, 1822. — *Cri-Cri* et ses *Mitrons*, 1829. — *Tigresse Mort aux Rats*, 1833. — *Don Juan de Marana*, 1836. — *L'Ane à Baptiste*, 1849. — *Le Comte de Montéfiasco*, 1847. — *Le Médecin sans enfants*, 1856. — *Les Vieux Glaçons*, etc., etc.

42. **Peyre** (fils). Projets de reconstruction de la salle de l'Odéon avec les plans originaires de la salle du *Théâtre Français* par MM. *Peyre* l'Aîné et de *Vailly*, Architecte du Roi. Paris, Didot, 1819, in-fol., planches, dem.-perc., non rog.

43. **Programmes, Menus**, invitations de *Théâtres, illustrés*. Suite de 200 pièces artistiques montées sur papier blanc et réunies en un vol. in-4, dos et coins de maroq. rouge.

Ces pièces sont illustrées par *Cheret*, *Willette*, *Grün*, *L. Vallet*, *Roedel*, *Ibels*, *A. Guillaume*, etc.

44. **RACINET**. Le Costume historique, 500 planches. Paris, Firmin-Didot, 5 vol. in-fol. en 20 livraisons, en carton.

Manquent les livraisons 8, 16 et le volume de texte.

45. **Rétif de la Bretonne**. *Le Palais Royal*. Paris, 1790. 3 vol. in-12, fr., papier de Hollande, br. Réimpression avec les 3 curieux frontispices.

46. **Rouen-Théâtre**. 3 octobre 1888 au 1er mai 1889 et du 28 août 1889 au 30 octobre 1889. **Rouen-Artiste**. 22 novembre 1889, 20 numéros. Ensemble 58 numéros in-fol. Portraits.

47. **Saint-Foix** (de). Œuvres de théâtre. Paris, Prault fils, 1748, 2 vol. in 12, maroq. r., dos orné, fil. sur les plats, tr. dor. Ex libris. (Reliure ancienne).

48. **Scarron**. Le Roman Comique peint par J.-B. *Pater* et J. *Dumont* le *Romain*, réduit d'après les gravures au burin par T. de *Mare*. Paris, P. Rouquette, 1893, petit in-4, portr. et fig., demi-chagr. vert foncé.

49. **Sarah-Bernhardt.** 50 programmes divers des pièces jouées à l'étranger par la grande Artiste. Programmes de différents formats, quelques doubles.

50. **Soubies** (Albert). La *Comédie Française* depuis l'époque romantique 1825-1894. — Soixante-neuf ans à l'*Opéra-Comique* en deux pages 1825-1894. — *Histoire* du *Théâtre-Lyrique* 1851-1870. Paris, Fischbacher, 1894-99. 3 vol. in-4 br. Exemplaires numérotés sur papier de Hollande.

51. **Souvenir des Menestrels** (Le), contenant une collection de romances inédites (par Ch. *Lafillé*). Paris, Benoist, 1814, origine à 1829, 16 vol. in-18, front. et nombreuses figures et musique gr. et lithogr., demi-rel. dos et coins de veau rouge, tête dor., non rog.

52. **Théâtres de Paris** (Les) Les *Folies Nouvelles*, par Eug. de *Woestyn* et Eug. *Moreau*. Paris, Martinon, s. d., gr. in-8, fig. lithogr., cart., dos de perc. gren.

Exemplaire auquel on a ajouté 4 dessins rehaussés d'aquarelle, par E. *Durandeau*.

53. **Théâtre Lyrique National** (Gaîté), Direction Vizentini. Livres d'émargements des années 1875-1877, 4 registres, cart. toile.

En regard des sommes payées se trouvent les signatures des artistes.

54 **Travenal** (Louis) et Jacques **Durey de Noinville**. Histoire du Théâtre de l'Académie royale de musique, depuis son établissement jusqu'à présent. Paris, Duchesne, 1757, 2 parties en un vol. in-8, veau marb.

55. **Vadé**. Œuvres ou recueil des Opéra-Comiques, Parodies et Pièces fugitives de cet auteur, avec les Airs, Rondes et Vaudevilles notés. Paris, Duchesne, 1758, 4 vol. in 8, bas.

56. **Winckler** Th. et A. **Millin**. Le Répertoire du Vaudeville ou recueil des meilleures pièces en vaudevilles. Iéna Frommann, 1800, 2 vol. petit in-8, pl. de musique, dem.-rel. toile.

57. **Zola** (Emile). Œuvres. Paris, Charpentier, 28 vol. in-12, dem.-bas. bleu., tête rouge, ébarbé.

La Fortune des Rougon, La Curée, Le Ventre de Paris, Son Excellence Eugène Rougon, l'Assommoir, Une Page d'Amour, Nana, Pot-Bouille, Au Bonheur des dames, La Conquête de Plassans, L'Œuvre, La Bête humaine, La Joie de vivre, L'Argent, Le Rêve, La Terre, Germinal, La Débacle, Docteur Pascal, Le Naturalisme au Théâtre, Nos Auteurs dramatiques, La Vérité en marche, Paris, Lourdes, Rome, Fécondité, Vérité, Travail. *Les 18 derniers ouvrages sont en éditions originales.*

Recueils de Portraits d'Acteurs et d'Actrices. Costumes. Dessins originaux anciens et modernes.

58. **ACTRICES DES THÉATRES DE PARIS, 1750.** Suite de 28 portraits en buste, dessins de la *fin du XVIII*e *siècle*, à la plume, lavés d'encre de Chine avec légers rehauts, *attribués à Allou fils*. 28 pièces collées sur papier bleuté, en un album in-4, cart.

Portraits de Mlle Dangeville (Comédie Française). Mlle Corail (danseuse à l'Opéra). Mlle Chefdeville (actrice chantante, Opéra). Mlle Isec, danseuse (Opéra-Comique). Mlle Ermans (Opéra). Mlles Duval (Opéra). Mlle Durocher (Comédie Italienne). — Mlle Rousseau (Comédie Française). — Mlle Petit (Opéra-Comique). — Mme Passier, danseuse (Théâtre Nicolet). — Mlle Dupré, danseuse (Comédie Française). — Mlle Dumoulin, danseuse (Opéra), etc., etc.

59. **Galerie des Acteurs** par A. Colin et L. Marin, lith. de F. Noël, (1823). Suite de 70 belles lithographies coloriées, collées sur papier blanc et réunies en un album in-fol., dem.-rel.

Baptiste Ainé, Michelot, Armand, Mlle Dupuis, Mlle Mante, Pitrot, Fontenay, Mme Bras, Mlle Dussert. Mlle Clara Raffile, Frenoy, Mme Lévesque, Mlle Eléonore Menier Mlle Bourguin, Mme Tousez, Monrose, Cartigny, Mlle Demerson, Lafon, Mlle Duchesnois Desmoussaux, Firmin, Mme Paradol, Féréol, Lemonnier, Mme Lemonnier, Mme Pradher, Mme Desbrosses, E. Pierson, Mme Louise Pierson, etc., etc.

60. **Portraits d'Artistes** du commencement du *XIX*e *siècle*. **210** *dessins* à la plume, lavés d'encre de Chine, attribués à *Bouchardy*, *Chrétien* et autres dessinateurs.

Gentils portraits en médaillon Artistes de l'Opéra-Comique, Théâtre Français, Vaudeville, Variétés, Odéon, Gaité, Ambigu, etc.

61. **Portraits d'Artistes.** Suite de 18 lithographies, la plupart sur papier de Chine (tirage à part du journal l'Artiste) en un album in-4, cart., dos et coins de percaline.

13 portraits d'artistes, lithographies d'après nature par Léon Noël Mlle Léontine Fay, Mlle Déjazet. Mme Dorval, Mlle Julia Grisi, Mme Albert, Mlle Juliette, Mlle A. Noblet, Bocage, Arnal, Lafont, A. Nourrit, Samson, Frédéric Lemaitre.

Plus les 5 portraits suivant, également lithographiés par Léon Noël, Barye, Tony et Alfred Johannot, Alex. Dumas, A. Moine, Sigalon.

62. **Portraits des Acteurs et Actrices de Paris.** Suite de 70 portraits par *Vigneron*, lith. en bonnes épreuves, de Comédiens et Comédiennes en renom au commencement du XIXe siècle.

MM. Thénard, Delmence, Dabadie, Huet, Armand, Monrose, Lafont, Lemonnier, Brunet, Albert Barilli, Zuchelli, Montjoie, Ponchard, Talma, Lafon, Vernet, etc.

MMmes Albert, Geoffroy, Duchesnois Flore Georges, Levert, Dormeuil, Lacroix, Barroyer, Dupuis, Cinti, Mars, Déjazet, Lacroix, Dupuis, etc.

63. **Album** ds 100 lithographies tirées pour la plupart du *Journal Le Miroir et de la Pandore* en un vol petit in-4, dem.-veau r.

Scènes, vues, caricatures de Pigal. Nombreux portraits d'acteurs et d'actrices.

64. **Mars** (Mademoiselle). Suite de 14 petits portraits, dessins à la plume et à la mine de plomb, plusieurs rehaussées d'aquarelles, collés sur papier bleu, en un album in-4, cart, dos et coins de perc. grise.

65. **Matis.** Acteur du Théâtre de l'Ambigu, de 1840 à 1850. 39 petits et grands dessins à la mine de plomb, lavés d'aquarelle, collés sur papier bleu en un album in-4, cart., dos et coins de percaline grise.

Portraits exécutés par Matis lui-même et par *Legénisel.*

66. **Menier** (Joseph), 1825 à 1835. 9 portraits de l'Artiste. Dessins à la plume, lavés de sépia ou d'encre de Chine, collés sur papier bleuté en un album in-4, cart., dos et coins de perc. grise.

67. **Potier** (des Cailletières Ch. G.). Célèbre Comédien, 1774-1838. Seize portraits de l'artiste, dessins à la mine de plomb et à la plume, plusieurs rehaussés, par Legénisel, Matis, Joly, etc., collés sur papier bleu en un album in-4, dos et coins de perc. r.

68. **Potier** (des Cailletières Ch. G.). 1774-1838. Suite de 10 dessins à la plume, silhouettes attribués à *Grandville*, *Joly*, *Legénisel*, en un album in-4 cart., dos et coins de percaline rouge.

69. **Portraits d'Acteurs et d'Actrices.** Suite de 48 portraits. Dessins à la mine de plomb, au crayon noir et à la plume, plusieurs rehaussés d'aquarelles, collés sur papier fort en un album in-4 carton.

Préville, Lafond jeune, J. Ménier, Mlle Moilliard, Mlle Franconi ainée Mlle Honorine, M. Péricaud, Arnal Hippollyte, Lepeintre jeune, Ponchard, Chilly, Poisson, Lesueur, Rachel, Féréol, Brasseur, Lablache, Lepeintre jeune, Lepeintre aîné, Julien Deschamps Bressant, Matis, Mlle Croizette, Gil-Perez, Blanche d'Antigny, Delaunay, Paul Ginet.

70. **Acteurs des Théâtres de Paris** en 1849. Suite de 32 portraits en pied. Dessins à la mine de plomb, rehaussés d'aquarelle, par *Lhéritier*, collés sur papier bleuté en un album in-4, cart. dem.-perc verte.

Album important par sa belle réunion de portraits-charges des principaux acteurs du milieu du XIXe siècle : Melingue, A. Laferrière, Boutin, Colbrun, Barré, Mangin, Clarence, Moessard, Ravel, Sainville, Grassot, Touzez, Lhéritier par lui-même, René Luguet, Hyacinthe, Bache, Lesueur, Serres J. B. Deshayes, Jules Vizentini, Lafont, A. Hoffmann, Lepeintre aîné, Hippolyte, Chilly, Belmont, Dumoulin Anatole, Markais, Alfred, M. Lefranc, auteur dramatique, Choquart vaudevilliste.

71. **DÉJAZET** (Mademoiselle), dans ses costumes, suite de 6 dessins originaux signés et datés par *Léon Dusautoy*, à la mine de plomb, rehaussés d'aquarelle et de gouache en un album in-4 cart., dos de percaline verte.

Très jolis dessins exécutés en 1849. Mlle Déjazet dans Vert-Vert (rôle de Vert-Vert). La Fiole de Cagliostro, rôle de Suzanne de Murville.

72. **Acteurs et actrices.** Suite de 8 petites images en relief collées sur papier blanc, réunies en un petit album format in-12.

Fr. Lemaitre, Déjazet, Mlle Judith, etc.

73 **SCRIVANEK** (Mademoiselle), dans différents rôles, 16 dessins originaux par *Léon Dusautoy*, à la mine de plomb, rehaussés d'aquarelle et de gouache, collés sur papier bleuté en un album in-4, perc. mauve.

Très jolis portraits de la célèbre artiste dans des pièces jouées au théâtre de la Montansier (Palais Royal) ou aux théâtres des Variétés. La Poudre Coton, 1846 Le Banc d'Huîtres 1847. Les Crapauds immortels, 1851. Les marraines de l'An III, 1849 Embrassons nous Folleville, 1850. L'Exposition des produits de la République, 1849. Roméo et Juliette (Palais Royal). Les Enfers de Paris, 1847. Henriette et Charlot, 1847. Ondine et Pêcheur. *Ces 16 dessins très finis, sont tous signés et la plupart datés.*

74. **Actrices de Paris en 1853**. Suite de 21 portraits d'actrices, lithographies tirées sur teinte, collés sur papier bleuté en un album in-4, dos et coins de percaline.

MMmes Rachel, Marie Cabel Lemercier, Rouvroy, Robert. Cico, E. Masson, Lefèvre, Rosine Stoltz, Fanny Cerrito Alboni, Rose Chéri, Bagdanoff. Emy Lagrna, C. Rosati, Ch. Ponchard, S. Cruvelli. E. Doche, M Brohan.

75. Portraits d'Artistes, Comédiens et Comédiennes. Suite de 30 dessins originaux à la mine de plomb, un certain nombre rehaussés d'aquarelle, collés sur papier fort en un album in-4.

Madame Honorine dans les deux Orphelines, rôle de la Frochard (par Gobin) L Péricaud dans la Fille du Tambour-Major. (par Branchini) L. Péricaud dans *Hoche*, (par Alfr. Le Petit). L. Péricaud dans le Sonneur de St-Paul. (par Abeillé) Mme Honorine la marchande des 4 saisons, (par Montigny). Mme Octave dans Daphnis et Cloé, (Eustache Lorsay). Lhéritier par lui-même. Lhéritier (par Calvin). Lafontaine, 1854, La Rosati. Melingue. Marchand de la Porte St-Martin. Roger, Francisque jeune, Plouvier, 8 dessins (par Geoffroy) Leclère des Variétés (par Lhéritier). Paulin Menier dans le Courrier de Lyon par P. Baron). Mathilde du Palais Royal (par Calvin). Mme Judie (par A. Gorguet). Grassot (par Lhéritier). Daubray, (par P. Baron) Costume de Dorine, dessiné par H. Monnier pour sa femme. Costume d'Orgon par H Monnier. Lassouche, par lui-même. Mlle Lecomte, Ambigu, 1833 (par Albert), etc.

76. **Portraits d'Artistes, Comédiens et Comédiennes**. 64 portraits par ou attribués à Eug. Millochau, Lhéritier. La Cauchie, D. Chesneux, B. Veiser, Lassouche. Albert Comte fils, Legénisel, Baudet, P. Lormier, Abeille, Grandville, Carle Vernet, etc. Dessins à la mine de plomb et à la plume, plusieurs rehaussés d'aquarelle, collés sur papier fort en un album in-4 cart.

Portraits de M. Daiglemont, Sarah Bernhardt dans Macbeth, Joliet, Portrait de J. Richepin, Grassot, Geoffroy, Hyacinthe, Firmin, Lhéritier, Pellerin et Brasseur, Pierre Berton, L. Péricaud dans l'Aventurière, Cossarol, Bressant, Lesueur. Lays (Opéra). Mme Laruette (Opéra comique), Calvin, Lassouche Richer. Mlle Julia Grisi (Italiens). Hippolyte Lablache (Italiens) Lepeintre aîné Lepeintre jeune. L. Péricaud dans les Saltimbanques, Duprez (dans Otello). Delaistre. Fred. Lemaitre Honorine dans les Mystères de Paris, Dupuis, Rachel, Paulin Menier, Joly, etc.

77. **Artistes dramatiques**. 80 lithographies et découpures de journaux illustrés, collées sur papier fort en un album in-4, d.-chag.

Portraits de Comédiens et Comédiennes, MMes Judic, Sarah Bernhardt Blanche d'Antigny, Desclauzas, Simon Girard, etc Paulin-Menier, Hervé, Paul Deshayes, Milher, Regnier, Laferrière, Talma, Frédérick-Lemaitre, Bocage, Coquelin Cadet. Montrouge, etc.

78. **Comédiens Français.** Suite de 30 portraits, dessins à la plume ou à la mine de plomb, lavis d'encre de chine ou d'aquarelles par *Albert, Ormancey, Lhéritier, Gray*, etc., collés sur papier bleuté en un album, cart dos de perc. verte.

Firmin, théâtre Français (1834). Saint-Marc, théâtre de la Gaité. 1843. M. Gaspard, Gaité, 1864. M Albert, Gaité, 1845. Mlle Lucie Mabire, Porte St Martin, 1853 Mlle Alphonsine, Porte St-Martin. 1855. Guichard, Odéon, 1854. Delaistre, théâtre de la Gaité. MM Laroche et Vandenne, Odéon, 1888. Mlle Sanlaville, Odéon, 1888. M. Detroges, théâtre du Luxembourg Bobino, 1853.

79. **Portraits d'acteurs et d'actrices** et personnalités des théâtres de l'*Opéra*, *Opéra-Comique* et *Odéon*. Suite de 150 gravures tirées de journaux illustrés, collées sur papier blanc, en 3 petits albums in-12 cart.

80. **Portraits contemporains.** Lettres, théâtre et arts. Suite de 1 titre avant lettre et 35 portraits sur *papier de Chine*, également avant lettre. Paris. Conquet, 1876, gr. in-8 en livraisons.

Ancien Théâtre, Comédie Italienne, Théâtre de la Foire.

81. **ANCIEN THÉATRE GELOSI, BASOCHIENS.** Suite de 37 portraits à la plume, lavés d'encre de Chine, collés sur papier bleu et réunis en un album in 4, cart. perc. grise. *Dessins de la fin du XVIIIe*.

Androux, 1577. Audillé, 1484. Mme Badquin, 1690. Barthélemy. Théâtre de la Basoche, 1520. Baschi, 1620. Bellaud. Chalache. 1670. Mme Charot, 1458 Louis Chocquet, 1550. Collier Corbin, 1500. Pierre Curat, 1580. De Prat Durieu. Dutens, 1461. Fabio, 1560 Faucet, 1572. Jacques Firmin. S. Jely Glachaut, etc., etc.

82. **ACTEURS DES ANCIENS THÉATRES.** Suite de 54 grands dessins exécutés au *XVIIIe siècle* à la plume, lavés d'encre de Chine avec rehauts de blanc et légers rehauts d'aquarelle à plusieurs dessins.

Curieux portraits d'acteurs et d'actrices, chanteurs, chanteuses, danseurs, danseuses, artistes de l'Opéra, de l'Opéra Comique, de la Comédie Italienne, de l'Hotel de Bourgogne, etc. : Balon, Rosey, Molé, Dupuis, Dugazon, Fleury, l aînez, J Menier, Prévost, Placide, Clairval, Caillot d'Alinval. Brizart, Bruscambelle, Bicet, Bourette, etc.

MMmes Subligné, Chateauvieux, Moreau, Dulaurier Lagarde, Dun, Saint-Vol, Balon, Gaussin, Adrienne Lecouvreur, Poussin. Maillard, Durocher, Binet, Richard, Charot, Dupré, Camelin, etc., etc La plupart de ces portraits sont en pied.

83. **COMPAGNIES ITALIENNES** qui se sont succédé en France de 1530 à 1775. Suite de 38 portraits en buste, dessins à la plume, lavés d'encre de Chine, légers rehauts. Dessins exécutés au *XVIIIe siècle* réunis en un album in-4, dos de percaline.

Intéressante réunion *G. Androux*, troupe de Lélio, théâtre de la rue Mauconseil, 1717. — *Barra*, Mathia, troupe de Moet et Corby, 1770. — *Bernardini*, même troupe — *G. Biangiochi*, troupe d'Andreini fils, rue Mauconseil, 1720. — *F. Bugoni*, 1560, né à Milan, parcourant la France dans une troupe dirigée par Barbarini — *F. Colombo*, 1710. — *Colombo* Fortunato, troupe de Riccoboni fils, 1761. — Cortesi, 1773. — Fabio, né à Milan en 1529, vint en France avant les Gelosi, en 1560. — Mlle Frametta, 1634. — Gabrielli Francesco, 1625, etc., etc.

84. **COMÉDIE ITALIENNE** (Artistes de la). 14 portraits, dessins du *XVIII*e *siècle*, collés sur papier bleuté en un album in-fol., dem. perc. marron.

Suite rare Barèse, 1717. Rôle de Scapin. *Bastona Marta*, 1730. Troupe de Dehesso. *Boniti Aldesrar*, 1760. *Bruni Dominico*, 1680. Calcese Andréa, 1660 Cortès Gio Batista, 1760. *Fabio*, troupe de Gelosi. Hôtel du Petit Bourbon, 1577. Farchi. 1760. Frilli Giorgo, 1770. Gabrielli Sivello, 1640, etc.

85 **COMÉDIE ITALIENNE** (La) *en France au XVII*e *siècle*. Suite de 16 gravures des *XVII et XVIII*e siècles, collées sur papier bleuté en un album in-4, dem.-perc verte.

Portraits gravés de *Scaramouche* (par Habert). *Gautier Garguille* par Rousselet d'après Huret *Evariste Gherardi* faisant le personnage d'Arlequin. (A Paris. chez Mariette). Le Capitan Matamore, (par Mariette). *Mezetin*. *Pietro Montani*, *Gille*. *Joseph Fortoriti*, *J. Jadot*, *Antonio Fortole* faisant le personnage de Polichinelle. M. A. *Romagnési*, *Dame Ragonde*.

86. **Comédie Italienne** (La) en Allemagne. Suite de 11 estampes du *XVIII*e siècle, publiées à Augsbourg par J. Wolff, en un album in-4, dem.-rel.

Curieuses figures en bonnes épreuves.

87. **Théâtre Italien**. Het. meuw geopend. *Italiaanis Toneel*, vertonende de vonder lyke, zicke, bez wangerheid en baring van Arlequin benevens de Opvoeding van des zelfs. *Jongen Zoon* Gétekend door. *G. J. Xavery*. Amsterdam. P. Schena, s. d., recueil, 1 titre et 11 planches gr.

Très amusantes gravures représentant l'étonnante maladie d'Arlequin, sa grossesse et son enfantement ainsi que l'éducation de son fils.

88. **Desbrosses**. Acteur de la Comédie Italienne dans ses rôles. Suite de 20 dessins à la mine de plomb et à la plume, lavis d'aquarelle, collés sur papier bleuté en un album in-4, cart., dos de percaline grenat.

89. **Berettoni**. Le Bravo. opéra italien en 3 actes, musique de Martiani. représenté à Paris à l'Opéra italien le 1er février 1834. 17 dessins. *Costumes du Théâtre Italien*. 1833. 8 dessins. Ensemble 25 dessins à la mine de plomb rehaussés d'aquarelle en un album in-4, cart. dos de percaline verte

90. **ACTEURS DU THÉATRE DE LA FOIRE**. *28 dessins du XVIII*e *siècle*, à la plume lavés d'encre de Chine et de sépia en un album cart., dos de toile grenat.

Antonanonini, 1732 Arbet, 1716. Bastono, 1760. Belafuiniglio, 1722. Bernardini, 1739. — Benodetti, 1721. — Benoti, 1769. — Berlichi, 1740. Francesco Berti, 1742. Bertoli, 1716 etc., etc.

91. **THÉATRE DE LA FOIRE**. Suite de 90 dessins exécutés au *XVIII*e siècle représentant les personnages du Théâtre de la Foire. 90 portraits, dessins à la plume, lavés d'encre de Chine avec légers rehauts. Pièces collées sur papier bleuté en 2 albums in-4, cart., dos de percaline grenat.

Andolfati, 1740. G. Andressi. 1725. Angeleri, 1753. Ardion, 1727. Bara Barèse, 1777. Bartoli, 1723. Boniface (troupe de Nicolet). Campiani, Casali, Pancrace Colupo. Ermerio, 1742. F. Fineschi, G. Girelli. M. Landi Marignan, 1711. Morlet (troupe de Nicolet), Palestrioni, Pilastri, J. Rinoldi, G. Sacco, G. Gregorio, 1770, Violoni, 1626, etc., etc.

Théâtres de l'Opéra. Opéra comique. Danses.

92. **Opéra** (L') au *XVIIIe* siècle. Suite de 34 petits portraits, dessins à la plume, lavés d'encre de Chine, légers rehauts. Dessins attribués à *Allou* et *Allou fils*, en un album in-4, cart., dos de perc. mauve.

Mme Buzeau, Mlle Bras, Mlle Champvallon, Mlle Corbier, Mlle Cousade, Mme Dumoulin, Mme Duplessis, Mlle Dupré, Mlle Fél., Mlle Ferton, Mlle Fontenoy, Mlle Fosset, Mlle Garus, Mlle Germain, Mme Gougeon, Mlle Guillet, Mme Leroy, etc.

93. **Opéra** (Décorations originales de l'). *Le Siège de Corinthe. La Muette de Portici. Robert le Diable*. 4 lithographies aquarellées et 6 aquarelles par J. J. *Cumell*, 1828, en un album in-4, dem.-toile grenat.

94. **Grassari**, de l'Opéra (Mademoiselle). Suite de 12 portraits de l'Artiste. Dessins à la mine de plomb ou à la plume, plusieurs rehaussés de sépia ou d'encre de Chine, collés sur papier bleuté, en noir, album cart., dos et coins de perc. grise.

95. **Costumes de l'Opéra**. XVII-XVIIIe siècles, avec une préface de *Ch. Nuitter*, archiviste de l'Opéra. 50 planches, fac-similé à l'eau-forte en couleurs par *Guillaumot fils*. Paris, 1883, petit in fol. en cart.

96. **Levasseur de l'Opéra**. Sept portraits au crayon, à l'aquarelle, à la plume et lavis d'encre de Chine, attribués à *Bouchardy* et *Legénisel* en un album petit in-4, dos et coins de percaline grise.

97. **Zenobia**. Ballet d'après l'œuvre de *Metastasio*. Musique de *Prédiéri*. Costumes par *Pregliasco* 1801. Liste de dix dessins originaux à la plume rehaussés d'aquarelle collés sur papier bleuté, en un album in-4, demi-percal. verte.

98. **Verdi**. Luisa Miller, opéra de Verdi (1852). Suite de 10 dessins à la mine de plomb, lavis d'aquarelle, *Verdi, Il Trovator* opéra 1854. Suite de 6 dessins originaux de F. Vogler (signés et datés 1854) à la mine de plomb, lavés d'aquarelle. Ensemble 16 pièces en un album in-4, dem.-perc.

99. **Théâtre de l'Opéra**. Suite de 100 gravures ou lithographies noires et coloriées. Portraits des Artistes de ce théâtre avec de nombreuses notices biographiques. Ces 100 pièces montées sur papier bleuté et réunies en 2 vol. in-folio, demi-chagrin grenat.

Etienne Lainez 1782-1822, Melle Maillart, Chéron, Sophie Arnould Rousseau, Mlle Levasseur, Chassé, Chardini ou Chardin, Mme Albert, M. Lafont, Mme Laguerre, Lays ou Laïs, Mme Tedesco, Lavigne, Mme Branchi, Larrivée, Mlle Jawurek, Coulon, Jenny Colon, Louis Nourrit, Mme Favelli, Adolphe Nourrit, Mme Borus-Gras, Levasseur, Rosine Stoltz, Massol.

100. **Théâtre de l'Opéra**. Suites de 100 gravures ou lithographies noires et coloriées. Portraits des Artistes de ce Theâtre, 100 pièces montées sur papier bleuté réunies en 2 vol. in-fol. dem.-chag. grenat.

Louis Duprez, Mlle Nau, Alizard, Mlle E. Masson, Marié, Mlle Aboni, Mme Damoreau-Cinti, Marco de Candia, Juliette Borghèse, Boulo, Mme Malibran Bonel, Mme Borghi-Mamo, Montjoie. Mlle Flecheux, Adrien Gardoni Dupont, Mlle Noblet, Wartel. Mlle Lacroix, F. Prévost, Mlle Dussy Porthéaut. Mlle Falcon, Isorin, Dabadie, Mme Dabadie, Obin, Mlle Quincy, Belval, Mlle Grassari, etc...

101. **Théâtre de l'Opéra**. Suite de 100 gravures ou lithographies noires et coloriées. Portraits des Artistes de ce Théâtre, 100 pièces montées sur papier bleuté, réunies en 2 vol. in-fol., demi-chag. gren.

Roger, Mme Miolan-Carvalho Barroilhet, Mlle P. Dameron, Villeret, Gailhard, Hortense Varny, Anconi, Mlle Cruvelli, Gueymard, Mme Geeymard, Mlle Mauduit, Salomon, Mlle Hisson Muratet. Mlle Caroline Salla. Warot, M. Eloi, Mlle Javurek, A. Renard, Anna de Lagrange, Faure, Jenny Lind, Bremont, M. Halanzier directeur de l'Opera, Gabrielle Krauss, Christine Nilsson, M. Bataille, Lassalle, Marie Sass, L. Melchissedec, Mlle Rosine Bloch, etc...

102. **Opéra**. *Portraits de Danseuses de l'Opéra*, 63 pièces photogr. en un album in-fol. obl.

MMlles Adèle Piron, Priodé, Vaugoether, Irmat-Violat, Lobstein, Louise Désirée, Chabot, Mathilde Salle, Landrini Stilb, Jeanne Treluyer, Henriette Robin (Les jeunes danseuses), M. de Soria, professeur.

103. **Opéra** (L') de Paris en 1875. Suite de gravures tirées des journaux en un vol. in-4, dem.-rel. chagr.

104. **Opéra**. Les premiers sujets du Corps de ballet de l'Opéra (1897) 16 gravures tirées de journaux illustrés, montées sur papier bleuté en un album petit in-4, cart. dos de perc. grise.

105. **Opéra** (L') et son personnel par *Ch. Giraud*, 50 fig. color. en un album in-4 cart.

Portraits-Charges.

106. **Renouard** (P.). *La Danse*. Vingt dessins de *Paul Renouard* transposés en harmonie de couleurs. Paris, Gillot, 1892, 20 planches in-folio en carton.

107. **CHENAVARD**, artiste de *l'Opéra-Comique* dans ses rôles, 32 créations et reprises (1783-1823). Suite de *32 dessins originaux* à la mine de plomb par *Xavier Leprince*, collés sur papier fort, en un album petit in-4 cart.

Belle suite de dessins très finis.

Comédie Française

108. **ACTEURS ET ACTRICES DU THÉATRE FRANÇAIS AUX XVII ET XVIIIe SIÈCLES**, 21 Portraits à la plume lavés d'encre de Chine plusieurs sont légèrement rehaussés d'aquarelle collés sur papier bleuté en un album demi-perc. bleue.

Très belle suite de dessins : Portraits de Baptiste Cadet Mme Beaubourg. Duchemin père, Binet, Clavareau, Goubelli, Mme Dorbigny, Bourg, La petite Binet, Mlle Jeanne Labat, Mlle Baupré Mlle Cressard, Mlle Clèves, Bergeret du Théâtre St-Antoine, Mlle E Béjat, Mlle Beaupré, Mlle Balicourt, Mlle Desmares.

Ces jolis dessins datent de la fin du XVIIIe siècle.

109. **THÉATRE FRANÇAIS** (Ancien). Suite de 33 dessins du *XVIIIe siècle* à la plume, lavés d'encre de Chine et de Sépia collés sur papier bleu en un album in-fol. dem.-percal grenat.

33 portraits la plupart avec des notices Auprino Théâtre Français de la Basoche. Ausard fils Acteur des Mystères, 1512, Badquen, 1690, Beele Hôtel de Bourgogne, Bellaud, Ancien théâtre des Clercs de la Bosoche. Besnier. Bougier (dans la Farce du Lutrin) Cochelin 1511, Coproux 1692. Corben, 1500 — Cressard. 1650. Dabondance, acteur de la Basoche. Gelu, comédien de l'Hôtel de Bourgogne. etc , etc.

110. **COMÉDIE FRANÇAISE** (Actrices de la) du *XVIIe* et *XVIIIe* siècles. Suite de 14 beaux dessins de la fin du *18e siècle* à la plume, lavés d'encre de Chine et d'aquarelle.

Très beaux portraits en pied.
Mlle Abeille, dans le Colin Maillard.
Mlle Armand, rôle de Lisette dans les Folies Amoureuses.
Mlle Barré, rôle de Juni dans Britannicus
Mlle de la Chassaigne, rôle de Chimène dans le Cid.
Mlle Desbrosses. 1729. rôle de Célimène.
Mlle Beaumenars, 1749 dans les Menechmes.
Mlle Baron, rôle de Marton dans le Galant Jardinier.
Mlle Balicourt, rôle de Cléopatre dans Rodogune.
Mlle Balicourt, rôle de Rodogune.
Mlle Dubois, rôle de Lisette dans les Folies Amoureuses.
Mlle Raucourt, rôle d'Hermione dans Andromaque.
Mlle Beaupré rôle de la Comtesse d'Escarbagnas.
Mlle Dubois, Mlle de Brie.

111. **Comédie Française**. Portraits de Comédiens. Suite de 27 dessins à la plume, lavis d'aquarelle ou d'encre de Chine, attribués à *Carmontelle* en un album in-4, dos de percaline.

Lekain, Caillot Paulin, Bourret, Fleury, Bonneval, Legendre, Bellecour.

112. **Métamorphoses d'Arlequin**. *Parades* jouées sur le Théâtre Français. Bruxelles, 1826 Suite complète de 12 lithographies coloriées à toute marge, format in-4, avec la couverture imprimée. Exemplaire très bien conservé. (rare).

113 **Larive** (Jean Mauduit de), Comédien, 1749-1827 (Théâtre français 1770). Album de 20 portraits à la plume, lavés d'encre de Chine ou d'aquarelles attribués à *Giraudet*, *Carmontelle* et *Dutertre*, en un album in-4 cart., dos et coins de percaline rouge.

114 **Larive** (Jean Mauduit de). Comédien Français (1749-1827). Suite de 21 dessins à la plume, plusieurs lavés d'aquarelle ou à la sanguine par *Le Charnois*, *Allan fils*, etc., etc., dessins collés sur papier bleuté en un album in-4 cart., dos et coins de percaline rouge.

115. **Levert** (Mlle) de la Comédie-Française. 16 portraits à la mine de plomb la plupart lavés de sépia ou d'encre de Chine, montés sur papier bleuté en un album in-4 cart., dos et coins de percaline grise.

116. **Philippe** (Emmanuel Philippe Laville dit Philippe, 1779-1824). Artiste de la *Porte Saint-Martin*. Suite de 13 portraits de l'artiste. Dessins à la mine de plomb, à la plume, plusieurs lavés d'encre de Chine par ou attribués à *Carle Vernet*, *Vigneron* et *Bouchardy*, collés sur papier bleu en un album in-4 cart., dos et coins de perc. grise.

117. **RACHEL**. Comédie-Française, 1838-1858. Suite de 17 dessins par ou attribués à *Geoffroy*, *Grandville*, *Tony Johannot*, *Legénisel*, etc., portraits ou caricatures concernant la grande artiste. Dessins à la plume ou au crayon noir.

Curieuse et rare réunion; à la suite on a ajouté la pièce suivante : Comédie Française. Bulletin d'avertissement. Ce Jeudi 26 Mai 1853. Spectacle à 8 heures. 1re Pièce, Adrienne Lecouvreur, Mme Rachel.

118. **Comédie-Française**. 50 portraits d'Acteurs et d'Actrices, depuis Molière jusqu'au milieu du XIXe siècle. Lithographies noires ou coloriées, tirées d'Albums de théâtres, montées sur papier bleu en 1 vol. in-fol. dem. chagr. grenat.

Très curieuse réunion : Molière, Armande Béjart-Jodelet, Poisson, Baron, Dancourt, Marie Anne Quinault, Duchemin, Grandval, Mme Grandval, Breville, Le Kain, Françoise Marie Raucourt, Mlle Clairon, Baptiste ainé, Adrienne Lecouvreur, Thenard, Joanny, Perrier, Mlle E. Leverd, Damas, Talma, Mlle Mars, Michot, Mlle de Seine, Mlle Maillart, Molé, Lapon, Baptiste Cadet, Mlle Fleury, Mlle Champmeslé, Cartigny, Guyon.

Presque tous ces portraits sont accompagnés de notices biographiques.

119. **Comédie-Française** Acteurs et actrices, suite de 50 portraits lithographiés, tirés d'albums, montés sur papier bleuté et réunis en un album in-fol. dem. chagr.

Curieuse réunion.

Portraits de : Mme Desmousseaux, Firmin, Brocard, Menjaud, P. Ligier, Beauvallet, Monrose, Mlle Dupont, Mme Dorval, Rabut dame Fechter, Samson, Doze dame Roger de Beauvoir, Rachel, Arnould-Plessy, Mlle Mante, Mlle Judith, Mme Fix, Augustine Brohan, Madeleine Brohan Leroux, Provost, Mme Nathalie, Regnier, Delaunay, Bressant, Mlle Favart, Coquelin, Coquelin Cadet, Sarah Bernhardt, Blanche Baretta, Emilie Broisat.

120. **Théâtre Français**. Suite de 18 illustrations de journaux sur le Roi s'amuse, de Victor Hugo, collés sur papier bleuté en un album in-4 dem.-perc.

MM. Ligier, Got, Perrier, Mounet-Sully, Joanny, Maubant, Beauvallet etc.

121. **Comédie Française** (La). Suite de 48 gravures tirées de journaux illustrés et réunies en un album petit in-4 cart., dos de perc. grenat.

Portraits des Sociétaires et pensionnaires.

122. **Febvre** (F.) et T. **Johnson.** Album de la Comédie Française. Dédié à Son Altesse Royale le Prince de Galles par Autorisation spéciale. Londres, Viard, s. d., in-fol. en portefeuille.

Exemplaire sur papier de Chine tiré à petit nombre

23 portraits des Sociétaires de la *Comédie Française* tirés également sur Chine.

123 **Comédie-Française**. Suite de 12 planches (Scènes diverses) d'après Duplessis-Bertaux en un album in-8 cart.

124. **Comédie-Française**, 1885. *50 portraits. Artistes dramatiques de Paris*, en 1887, 62 portraits. Ensemble 112 vignettes, tirées des journaux illustrés, en 3 albums in-12 cart.

Théâtres du Vaudeville, des Variétés, du Gymnase, de l'Odéon.

125. **Théâtre du Vaudeville.** 50 portraits lithographiés des artistes de ce Théâtre. La plupart ont des notices biographiques ou sont coloriés.

Philippe, 1786-1847, Mlle Clara Lepeintre ainé. Mme Albert, Bardou, Mme Thenard, Augustine et Suzanne Brohan, Fontanay. Dejazet, Arnal, A. Fargueil, Desclée, Lepeintre jeune Mlle Willmen, Lafont, Mme Doche, Mlle Duplessy, Félix, Fechter, Mlle Blanche Pierson, M. et Mme Emile Taigny, etc.

126. **Félix**, Artiste du Vaudeville. Suite de 25 *portraits* du Comédien dans ses rôles. Dessins à la plume et au crayon, lavés d'aquarelle, collés sur papier bleuté en un album in-4 cart. perc.

127. **Joly**, Acteur du Vaudeville, 26 portraits. Dessins à la plume sanguine ou mine de plomb, plusieurs lavés d'encre de Chine, rehauts, collés sur papier bleuté en un album in-4, cart. dos et coins de perc. rouge.

128. **Laporte**, du Vaudeville. 9 portraits à la pierre noire ou à la plume Dessins par *Allou Joly, Chrétien, Carle Delannoy*, en un album in-4, cart. dos et coins de perc. grise.

129. **Philippe**, Acteur du Théâtre du Vaudeville, 23 portraits, dessins à la mine de plomb, la plupart rehaussés d'encre de Chine, Silhouettes, attribués à *C. Vernet, Chrétien, Isabey, Buterbie.*

130. **Sardou** (Victorien). Fœdora, pièce en 4 actes. Théâtre du Vaudeville. 11 décembre 1882. Suite de 12 illustrations de journaux illustrés, collées sur papier bleuté en un album in-4 cart perc.

131. **Halévy** (Ludovic). *L'abbé Constantin.* Suite de 1 Portr. de l'auteur et 17 phototypies représentant les principales scènes de la pièce format in-4 dans un carton. Suite tirée à petit nombre (rare)

On ajouté 2 photographies de même format, reproduction de 2 décors de la pièce.

132. **Théâtre des Variétés.** 50 portraits lithographiés montés sur papier bleuté et réunis en un album in-fol., demi.-chagr. marron.

Chaque portrait est accompagné d une biographie de l'Artiste : Lepeintre aîné Esther de Bc.ngars. Legrand, Pauline Vernet, Elisa Bois-Gontier, Lafont, Mme Chalboz, Cazot, Vernet, Odry (dans les trois épiciers), Mlle Valence, Bouffé Mlle Judith. Arnal. Judith, Ferreyra. Levassor, Mlle Flore, Adrien Rougel, Mme Paul Ernest, etc, etc.

133. **Théâtre des Variétés.** Portraits d'Acteurs et d'Actrices, 50 portraits, lithographies noires et coloriées tirées d'Albums et de Journaux illustrés, réunies en 1 vol. in-folio, dem.-chag marron.

Brunet Déjazet. Tiercelin, Mme Bressant, Potier, Jenny Vertpré, Odry, Odry et Mlle Esther, etc Les portraits sont accompagnés de notic s biographiques.

134. **Jolly** (Adrien J -B. Muffat dit:) 1772 à 1839. Artiste des *Théâtres Molière, Variétés* (*Montansier*), *Vaudeville et Nouveautés.* — Suite de 15 portraits du Comédien. Dessins originaux de *Jolly* ou attribués à *Carles Vernet*, à la mine de plomb et à la plume plusieurs lavis d'encre de Chine en un album in-4, cart. dos et coins de perc. rouge.

135. **Théâtre des Variétés 1868-1882** (Costumes du). Suite de 12 dessins originaux à la plume rehaussés d'aquarelle et de gouache par *Draner*, collés sur papier bleuté en un album in-4, cart.dos de percaline mauve.

12 portraits : Mlle Legrand. Renault, Cartin, Julia H., dans (La Perichole 1868), Mlle A. Duval, (Le mot de la fin 1869). Mlles Véran et Farna (La Revue des Variétés 1878). Mlle Yvette Guilbert, rôle de la Cauchoise (1882) Mlles O. Farna et Ellen (Revue des Variétés 1878), etc. etc.

136. **Théâtre des Variétés.** Suite de 50 lithographies et Portraits-Charges de Journaux illustrés, réunies en un vol. in-fol. dem.-chag. grenat. Quelques notices accompagnent les Portraits.

Les Variétés par Gill. — José Dupuis, Mlle Schneider, Numa, Mlle Marquet, Serres Mlle Honorine, Leclère, Silly. Charles Perey, Mlle Aimée, L. Kopp, Heuzey, Mme Céline Chaumont. Raynard, Anna Judic. Baron, Céline Montaland, Berthe Mariani, Montrouge. etc.

137. **Théâtre du Gymnase.** Acteurs et Actrices. Suite de 150 portraits lithographies tirées d'Albums et de Journaux illustrés montées sur papier fort en 3 vol. in fol. dem.-chagr. Les portraits de quelques artistes sont accompagnés de leur biographie.

Collection très intéressante pour l'Histoire du *Théâtre du Gymnase* : Portraits de Dormeuil, Léontine Fay dame Volnys, Bernard Léon, Eugénie Sauvage, Eugénie de Plunkett dame Doche Ferville. Julienne Klein, Mme Grévedon, Bouffé, Rose et Anna Chéri, Tisserand. Geoffroy. Lafontaine, Mlle Figeac, Bressant, Mlle Delaporte, Dupuis. Mme Léon. Villars. — Perlet. Jenny Vertpré, Dejazet Gonthier, Numa Achard, Mlle Restout, Mlle Habeneck, Landrol Mlle Mélanie, J. Deschamps, Mlle Désirée, Mlle Luther. Berton. Blanche-Pierson, Lafont, Mlle Massin, Pradeau, Mme Pasca, Ravel, Mme Fromentin, Saint-Germain, Desclée, F. Achard, Marie Magnier, Hading, Mlle Darlaud. Geoffroy, etc., etc.

138. **Théâtre de l'Odéon.** Suite de 50 lithographies et gravures montées sur papier bleuté et réunies en un album in-fol. dos chag. marron. Les pièces sont coloriés pour la plupart ou avec notice biographiques.

50 portraits.

Mlles Georges, Eric Bernard, Mlle A. Noblet, Mlle Charton, Léon Bizot, Mme Montano. L. Ferville, Mlle Alcoz, Ligier. Victor, Mlle Fernand, Joanny, Mme Ristori H. Tisserant, Pauline Granger Lockroy (J. P. Simont dite) Bérengère Clarisse Bonval, Barré (L.), Mlle Karoly, Laferrière, Sarah Bernhardt Thiron, Emilie Broisat. Guichard, Mlle Rousseil, Eugène Pierron, Léonide Leblanc, Saint-Léon, Mme Tessandier, Marais, etc.

139. **Théâtre de l'Odéon**. Direction Lireux. 19 décors *dessins originaux* à la plume lavis d'aquarelle attribués à *Froy* en un album in-4 obl. cart., dos de perc grenat.

Décors pour les Contes d'Hoffmann, Le Chariot d'enfant, Sapho, La première affaire, Vous n'êtes que Marquis, Le Voyage à Pontoise, etc.

Théâtre de la Porte St-Martin

140. **PIERSON** de la **Porte St-Martin** et **du Vaudeville**. 30 portraits dessins à la plume ou à la mine de plomb, la plupart lavés d'encre de Chine ou rehaussés *Silhouettes*. 30 petites pièces montées sur papier bleuté en un album in-4, dos et coins de percaline grise.

141. **Noces Vénitiennes** (Les) 1855, au Théâtre de la Porte Saint-Martin. Costumes par *H. Ballue*. 17 dessins à la mine de plomb, lavés d'aquarelle en un album in-4 cart., dos de percaline.

MM. Charly, Mercier, Vannoy, Febvre, Brémont. — Mlles Smith, Thérèsa, Petit, Fox, Eva et Marguerite, etc

142. **Théâtre de la Porte St-Martin**. *La Moresque*. 1858, *9 dessins originaux* de *H. Ballue*, à la plume rehaussés d'aquarelle et de gouache en un album in-4 cart , dos de perc. verte.

143. **Théâtre de la Porte Saint-Martin** (Costumes du). Suite de 25 dessins originaux de *H. Ballue*, à la mine de plomb rehaussés d'aquarelle et de gouache, en un album in-4, d -perc. mauve.

Portraits de Taillade, Raphaël Félix, Baron, Vannoy, Laurent, Marchand, Charly, Steiner et Bousquet, Bren[illegible], Vissot, Borsat, Mlles Bilhaut, Battaglini, le petit Julien, etc.

144, **Sardou** (V.). Patrie, drame, Porte Saint-Martin, 21 avril 1888 (Reprise). Suite de 9 planches photogr , dont une reproduction de l affiche et 8 scènes de la pièce en un album in-4 obl. cart.

145 **Philippe**, acteur du théâtre de la *Porte St-Martin*. 23 portraits de l'artiste dans ses rôles, dessins à la plume, la plupart lavés d'encre de Chine, 1 en sanguine, silhouettes etc., attribués ou par Carle Vernet; Genti, Bouchardy, Dutertre, Bouchet, etc., collés sur papier bleuté en un album in-4 cart., dos et coins de perc. grise.

Théâtre du Palais Royal

146. **GRASSOT**, acteur du théâtre du Palais Royal. Suite de 1 portrait photogr. et 24 dessins originaux à la mine de plomb, lavis d'aquarelle par *Lhéritier*, en un album in-4 cart.

Ces dessins d'un grand mérite représentent *Grassot* dans ses principaux rôles.

Sur la garde du livre on lit cet envoi de *Lhéritier* :

Grassot

Pourquoi ce nom est-il le vôtre ?
Par anti-phrase assurément
Car chacun sait pertinemment
Que vous n'êtes ni l'un ni l'autre.

(Lhéritier, 51 ans de service, Palais Royal).

147. **GRASSOT, du Théâtre du Palais Royal.** 12 portraits du fameux comédien. Dessins à la mine de plomb et à la plume, la plupart rehaussés d'aquarelle, par *Lhéritier*, *Lacauchie*, *Ormancey* et *Berrot*, en un album in-4 cart., dos de toile verte.

148. **LHÉRITIER** de la fondation du Théâtre du Palais Royal en 1831 à 1882. Suite de 14 portraits, dessins à la mine de plomb, lavés d'aquarelle, montés sur papier bleu, en un album in-4, dem.-chag. marron.

Portrait de Lhéritier par lui-même (2) Samson, Renard, Tisserant, Delacour, Gabriel, Pradeau (2), Heymaam, M de Vau, Feu M^r...

149. **LHÉRITIER** (Répertoire de). Suite de 56 dessins originaux à la mine de plomb, rehaussés d'aquarelle par Lhéritier, collés sur papier bleu en 2 albums petit in-4 obl., cart.

Intéressante réunion représentant Lhéritier dans la plupart de ses rôles de 1831 à 1882 Rôles de Clarinette Les Amours au port au bled 1832). Pierre (Un Matelot 1833) Coquelin (Les Baigneuses 1833). Féron (Une Fabrique 1834) Roger (L'Enfant du faubourg 1835). Petit-Pas (Venise au 6e étage 1836). Rousseau (Les Enfants du délire 1838). Boulard (Les Diners à 32 sols 1840). Soubise (Le Vicomte de Letorière 1841). Bouvreuil (Le lait d'Anesse 1846). Coucanas (L'Amour dans un Ophicleide 1854). Cordenbois (La Cagnotte 1864). Poitrinas (La Grammaire 1867). Vernouillet (Celimare 1873). Camusot (Le Boulet 1874). etc.

150. **LHÉRITIER** (Album). Ses créations de 1832 à 1867. Suite de 32 dessins originaux à la mine de plomb. rehaussés d'aquarelle par Lhéritier. collés sur papier bleuté en un album in-4, d.-percal. bleue.

L'artiste dessiné par lui-même dans ses principales créations. Rôle de Malessard (Les enfants du délire) M Coquelin (Les Baigneuses). Francfeu (Une affaire d'honneur) Ferou (La Filature). Lebel (Les Beignets à la Cour). M. Petit-Pas (Venise au 6e étage). De Beaumont (La Dot de Cécile). Lambert (Mes bottes neuves). Bloquet (Les Coulisses). Robinson (Les secondes noces). Patrick (Les âmes en peine. Rossignol (Les petites bonnes). — Frontin (Le Roi des Frontins. Bouvreuil (Le lait d'ânesse). Guillaumet (Le Sous Préfet s'amuse). Flambochard Le Trou des lapins). Coquelet (Le Bourreau des Cranes) Prudenval (Les suites d un premier lit). Ducroquet (Ma nièce et mon ours). Romonet (Une corneille qui abat des noix). etc.

151. **LHÉRITIER.** Suite de 36 dessins originaux à la mine de plomb, rehaussés d'aquarelle, en un album in-4 obl., cart.

Série importante de dessins finement exécutés comme tous ceux du célèbre comédien et dessinateur Elle contient les portaits de MM. Choller, Plunkett, Dormeuil, Rodriguez, Sevin, Des deux régisseurs, du premier et du second chef d'orchestre, des deux machinistes, coiffeur et costumier, de l'avertisseur garçons de théâtre, du choriste, des acteurs excellents de ce théâtre : Geoffroy, Gil Perez, Calvin, Pélerin, Numa, Luguet, Raimond, Lhéritier, Hyacinthe. Et aussi des scènes du théâtre représentant tous les personnages de la dite scène : Le Terrible Savoyard. Tricoche et Cacolet Le plus heureux des trois Le Carnaval d'un merle blanc. Ma nièce et mon ours. La Boîte à Bibi.

152. **LHÉRITIER.** Suite de 14 dessins à la mine de plomb, rehaussés d'aquarelle, montés sur papier bleuté en un album in-4, d.-chagr. marron.

Brasseur (3 dessins). Grangé, Amand, Siraudin, Henry Monnier, Luguet H. Monnier, Lacroix, Brasseur (dans le Roman, chez la Portière). M. Michel, Lambert-Thiboust. Jaime fils, Azimont, Brasseur, Gil-Pezez, Calvin, Lhéritier dans la Boîte à Bibi.

153. **LHÉRITIER**. Revue charge des principaux comiques du Théâtre du *Palais-Royal*, 1831-1875, 52 dessins originaux à la mine de plomb, lavés d'aquarelle, montés sur papier bleuté en un album in-4, chagrin noir.

Album capital pour l'histoire du théâtre du Palais Royal : Déjazet 1831, Potier 1831, Samson 1831, Paul Lepeintre aîné, Philippe, Regnier, Boutin, Sainville, Lhéritier 1831 Levassor, Touzez, 1832. Leménil, Achard, 1834 Grassot, 1838 Bernard Léon, Valnay, 1840. Ravel, 1841. Amant, 1848. Luguet, 1845. Hyacinthe, 1849 Pellerin, 1850. Brasseur, 1852. Prosper Gothé, 1854 Gil-Perez, 1854 Mme Thierret, Parade Hoffman, Henri Monnier, 1855. Arnal, 1856. Poirier, 1857. Fitzelier, 1857. Mercier, Delannoy, Lassouche, 1858 Pradeau, 1859. Priston, 1860. Frédérick Lemaitre, 1860. Lhéritier, Geoffroy, Thierry, 1862. Berthelier, 1863. Désiré, 1867 Gaillard, Deschamps, 1869. Bucaille, 1870. Numa fils, 1871, Calvin, 1872. Monbars, 1873. Dieudonné, 1874. Lhéritier, Coupart régisseur, etc.

154. **LHÉRITIER**. Suite de 14 dessins à la mine de plomb rehaussés d'aquarelles, montés sur papier bleu et réunis en un album in-4, d.-chagr.

Très jolie série des acteurs principaux du théâtre du Palais-Royal : Hyacinthe (2 portraits), Bourdois, Lassouche (2), Welch, Pellerin, Masson, Poirier, Lefèvre, Luguet (2), Octave et M Lazard.

155. **LHÉRITIER**. Suite de *14 dessins originaux* à la mine de plomb, lavés d'aquarelle, montés sur papier bleuté en un album d.-chagr. marron.

Dessins signés Portraits des Acteurs du Palais Royal : Mme Thierret, Berthelier, Brasseur, Fitzelier, Geoffroy, Gil Perez Hyacinthe, Lassouche, Lhéritier (par lui même). Luguet, Pellerin, Poirier, Priston, E. Thierry.

156. **LHÉRITIER**. *Portraits d'auteurs dramatiques, de comédiens, d'autres personnages de théâtre et plusieurs scènes du théâtre du Palais Royal.* Suite de 72 dessins originaux à la mine de plomb, lavés d'encre de Chine, légers rehauts par Lhéritier, collés sur papier bleu en un album in-4, dem.-rel.

Album important, presque tous les dessins sont signés Portraits de MM. Delaporte, Varin, V Sardou, Dupin Renard, Cottinet, Gondinet, Stapleaux, A. Volff, Fauchery. A. Guénée, Will. Busnach, Labiche, Jolly, Bernard Grangé Brasseur, Gil Perez, Lhéritier, Lassouche, Hyacynthe, Luguet, Moreau Dumaine, Derval, Surville, Coquelin P. Legrand, Gouget, Manuel, Grenier, Maubant, Perrot, Omer, Castellano, Ponchard, Gabriel. Delaunay, Alcide Tousez, Sainville Parisot, L. Halévy, Meilhac, Duru. Marc-Michel, Un journaliste, un musicien. Trois scènes du théâtre du Palais-Royal pour la Cagnotte. Le plus heureux des trois et les Diables roses, etc.

Sur la garde de l'album on lit :

Souvenir du Théâtre du Palais-Royal :
Sans le moindre regret, sans la moindre vergogne.
Je signe avec aplomb, cette affreuse besogne.
Lhéritier,
Doyen du Théâtre du Palais Royal, 1870.

157. **LHÉRITIER. Scènes et portraits de Théâtre.** Suite de 70 dessins à la plume ou à la mine de plomb, la plupart rehaussés d'aquarelle en un album petit in-fol. obl. cart.

Nombreux portraits d'artistes et 26 scènes des plus fameuses pièces du *Théâtre du Palais Royal*. Ces dessins à plusieurs personnages ont été remarquablement composés par Lhériter. Album très curieux et intéressant pour l'histoire du *Théâtre du Palais Royal*.

158. **LHÉRITIER. Théâtre du Palais Royal.** Portraits des artistes de ce Théâtre. Suite de 14 dessins originaux à la mine de plomb, rehaussés d'aquarelle par Lhéritier, montés sur papier bleuté en un album in-4, d.-chagr.

Très beaux dessins : Grassot, une scène du Punch, Grassot 6 personnages. Brebant, Delannoy, Parisot, Mercier, Mme Thierret, Lacroix, Milher, Elie.

159 **LHÉRITIER. Théâtre du Palais Royal.** Suite de 13 dessins originaux à la mine de plomb, quelques-uns rehaussés d'aquarelle.

Portraits de Mlle Déjazet, Mlle Bonnet, autres artistes ou employés de ce théâtre.

160. **Lassouche.** Artiste du Théâtre du *Palais Royal*, 10 dessins originaux à la plume ou à la mine de plomb, rehaussés d'aquarelle par le fameux comique.

M. Fitzelier, Mmes Honorine, Priston, Blanche d'Antigny, Bade, plusieurs portraits, personnages de Revue, sans noms d'artistes : La Chambre des Députés, Cocodette, Théroigne de... Folie Méricourt, etc.

161. **Saint-Albin** et **Milher**. Les Joyeusetés de l'année, revue de 1888 jouée au *Théâtre du Palais-Royal*. Suite de 17 dessins originaux de *Job* à la plume, lavis d'aquarelle collés sur papier bleuté, en un album in-4, cart., dos de perc. grise.

17 charmants portraits. MMlles Lavigne, Davray, Giverny, Ellen André, Renaud, Descorval, Dezoder, Fromont, Clem, Gilette, Bonnaud, Mr Huguenet, etc.

Théâtre Déjazet. Folies-Dramatiques. Renaissance. Eden. Scala.

162. **Théâtre Déjazet.** Suite de 14 dessins par *Baric, Abel Brun, Donjean, Gédéon* à l'aquarelle, quelques-uns rehaussés de gouache, collés sur papier bleuté, en un album in-4, cart., dos de percaline grise.

Les Pistolets de mon père — Oscar, rôle de Crapulet dans (Rhum et Eau en Juillet). — Mlle Déjazet. dans (les 3 Gamins). — Mlle Rey, rôle de l'Abricot dans le (Doigt dans l'œil). — Ricard, rôle de Léandre, etc., etc.

163. **Théâtre Déjazet.** A Bas les Revues ! Revue jouée à ce théâtre, 1861-1862 Suite de 23 portraits, dessins originaux par Abel Brun à la plume, rehaussés d'aquarelle et de gouache, un album in-4, cart., dos de perc. viol.

MM. Legrenay, Dupuis, Mlles Fillion, A. Paer, Gentière, Moïse Basta. A. Morel, Dachet Hélène, Leroux, David, Hortense Neveu, Desforest, Maillard, Roy, Laurent Jéaumme.

164. **Théâtre Déjazet.** En Ballon ! revue de l'année 1863, par MM. *Clairville* et *J. Dornay*. Suite de 7 dessins originaux à la mine de plomb, rehaussés d'aquarelle par *Cornilliet*, en un album in-4, cart., dos de percaline verte. On a ajouté la pièce de théâtre.

MMmes Marie Leroux, Hortense Neveu, Valentine, Alice Roger, Sattler, Rosine Badout.

165. **Théâtre Déjazet.** Le Petit Journal ! — 1884 — Costumes de cette Revue. Dessins originaux de *Stop.* 17 pièces collées sur papier bleuté, en un album in-4, cart., dem.-perc. grise.

Portraits de Mlle Nelson. M. Leriche, Mlle A. Morel, MMlles Clara Lemonnier, Mélanie Boisgontier, Mercy, Constance, Roger, Perrin, Antony, etc.

166. **Théâtre Déjazet.** Tout Paris à Suez ! — 1869 — Suite de 8 dessins originaux à la plume et à la mine de plomb, rehaussés d'aquarelle et de gouache par *Gédéon* et *Abel Brun*, en un album in-4, cart., dos de percal. grenat.

M. Tourtois. MMlles Fayole, Pauline, Thévenin, Constance, Henriette.

167. **Théâtre Déjazet.** *Polichinelle.* Costumes dessinés par *Abel Brun* 1869. Suite de 30 dessins à la mine de plomb, lavis d'aquarelle, la plupart signés, en un album in-4, cart., dos de perc. verte.

MM. Montrouge, Vizentini, Seiglet, Castel, Cochelin, Gothi, Dubois Mlles Pauline Lyon, Leroux, Ida, Juliette, Constance, Thévenin, Célina, Claudia, Léa, Léontine, etc.

168. **Théâtre Déjazet.** Costumes de Revues, composés par *Abel Brun.* 20 dessins originaux à la mine de plomb rehaussés d'aquarelle, en un album in-4, perc. grise. Tous les dessins sont signés.

Rôles de l'année 1876, de la Revue de l'Avenir, de l'Absinthe, de l'Electricité, du Génie Dramatique, de la Fraude, de l'Opérette, la Poule aux œufs d'or, du Printemps, etc., etc.

169. **Théâtre Déjazet.** Costumes de Revues. *14 dessins originaux* à la mine de plomb rehaussés d'aquarelle par *Abel Brun*, en un album in-4, dem.-perc. grise. Tous les dessins sont signés.

MM. Dubois Durosel, Philibert, Langlois, Gourdon, Emile Bellusier. MMlles Nelson, Caroline Julien, Deforest, Maillard.

170. **Théâtre Déjazet.** *Faust.* Suite de 7 dessins. — *Le Gaulois,* revue. Suite de 12 dessins. Ensemble 19 dessins originaux de *Gédéon* à la mine de plomb, rehaussés d'aquarelle et de gouache en un album in-4, dos de percaline grise.

Portraits pour Faust !
MM. Tony Seiglet (Faust), Courcelles (Méphisto), Cochelin (Valentin), Mlle Pauline (Marguerite), Mme Adolphe Paër (Dame Marthe).
Pour Le Gaulois.
Mlle Mariani (rôle de Gaulois Ier). — Mlle Lejars (rôle du Théâtre Déjazet). — Mlle Géraldine, Mlle Pauline (rôle de la Seine). — Mlle Thévenin, Mlle Léontine (La Chronique illustrée), etc.

171. **Théâtre des Folies-Dramatiques.** Suite de 24 portraits-charges des Acteurs de ce Théâtre — Dessins originaux à la mine de plomb et au crayon noir, plusieurs rehaussés de crayon de couleur par *Paul Calvin.* artiste des Folies Dramatiques (1860) en un album in-fol. obl., cart.

MM Boisselot, Calvin (par lui-même), Auvray, Markais, Jeault, Plum, Prudhomme, Vavasseur, etc

172. **Théâtre de la Renaissance.** Le Vertigo 1883. Suite de 23 dessins originaux à la plume, lavis d'encre de Chine et d'aquarelle par *Bianchini* en un album in-4, cart., dos de perc. verte.

Portraits de MM. Jolly. Marcel. Philippon. Delaere, Crambade. Dervilliers, Francis, MMmes Cécil Lefort, Theuillier-Leloir, Mlle Tusini, etc.

173. **Eden-Théâtre.** *Viviane.* 1886 Suite de 9 portraits, dessins originaux à la mine de plomb et lavis d'aquarelle par *Clédat de Lavigerie*, collés sur papier bleuté en un album in-4, dem. perc grenat.

174. **Concert de la Scala.** Revue. Suite de 25 dessins à la plume, lavis d'aquarelle, la plupart par *Job* en un album cart., dos de perc. verte.

Rôle de Jocrisse, Mlle Bloch, rôle de Ronchonette, M. Gilbert, M. Claudieux, rôle de Grasdoublard. M. Brunet, rôle de Van Sacaboche, M. Libert, rôle de Cyprien, M. Bataille, rôle d'un clown. M. Stival, rôle d'un jeune Copurchic, etc.

Acteurs et Actrices de Drame. Acteurs et Actrices Comiques des Théâtres de Drame.

175. **Acteurs et Actrices des Théâtres de Drame.** Suite de 100 lithographies ou figures sur bois. collées sur papier bleuté et réunies en 2 vol. in-fol. demi-chagr. marron. La plupart sont coloriées ou avec notices biographiques. Réunion très intéressante.

100 portraits : Frédérick Lemaître, Mme Allan-Dorval. St-Ernest Mlle Zélie Molard, Guyon, Mlle Georges Veimer. Mlle Dumouchelle Simon, P. Moëssard, Mlle A Landier, E. Philippe, Mlle Clara Stéphany, Menier, Mlle Verneuil Bocage, Lemoine Montigny, Vautrin, Mme Lévesque, Mlle Jonas. A. Mauzin. Guyon, Mme Pougaud-Melingue, Mme Théodorine Melingue, Delafosse, Mme Deshayes, Paul Deshayes. Mlle Nathalie Gouget, Clarisse Miroy, Mme Naptal-Arnault. Mme Cabot. Maurice Coste, Mme Agar Lacressonnière, Mme Doche, Laferrière, Dica-Petit, Charly, etc., etc.

176. **Acteurs** et **Actrices** de **Drame** des Théâtres de Paris. Suite de 50 portraits pour la plupart lithographiés, montés sur papier bleuté en un vol. in-fol. dem.-chagr.

Les portraits sont accompagnés de notices biographiques sur chaque artiste : Mlle Georges, Lockroy. Mme Guyon, Matis, Lucie Mabire, Clarence Surville, Mme Adolphe, Delafosse, Laferrière, Mme Naptal, Arnault.

177. **Acteurs** et **Actrices** de **Drames**. Suite de 50 portraits d'artistes, lithographiés, tirés d'Albums ou de journaux illustrés, montés sur papier bleu en un vol. in-fol. dem.-chagr. marron.

Mélingue, Mlle Theodorine dame Mélingue, Dumaine. Marie Laurent, Chilly, Mlle Person, Deshayes. Mme Lambquin. Saint-Ernest, Mlle Grave, Rouvière. Mlle Marie Duplessy, Albert, etc La plupart des portraits sont accompagnés d'une notice biographique, beaucoup sont coloriés.

178. **Acteurs et Actrices des Théâtres de Drame.** Suite de 50 lithographies ou gravures noires et coloriées un certain nombre avec notices biographiques, montées sur papier bleuté en un vol. in-fol. marron foncé.

Frédérick-Lemaître, 22 portraits ou pièces concernant le grand Artiste, Marie Dorval, 7 pièces, Mlle Clarisse Miroy, Francisque aîné, Mlle Gautier, Taillade, etc.

179. **Acteurs et Actrices Comiques des Théâtres de Drame.** Suite de 1 dessin et de 49 lithographies ou gravures, la plupart accompagnées de notices, quelques pièces sont coloriées.

Boutin, René, Thérésa Williams, Mlle Léontine Lebel, Alphonsine, Ch. Perey, Mlle Jouve, Francisque jeune, Delphine Baron, Laurent, Paulin Ménier, Colbrun, Alexandre, etc.

180. **Théâtres Comiques.** Suite de 50 portraits d'artistes, lithographies ou gravures, accompagnés de notices pour la plupart. Un certain nombre de lithographies sont coloriées.

Potier, Perlet, Lepeintre aîné, Lepeintre jeune, Vernet Bardou aîné, Déjazet, Achard, Alcide Tousez, Ravel, Derval, Lhéritier, Grassot, Amant, Levassor, Sainville, Aline Duval, Céline Montaland, Henry Monnier, Mlle Hortense Schneider, Mlle Honorine, Hyacinthe Lassouche, Prosper Gothi, Daubray, Arnal, Mlle Pauline Arnal, Brunet, Kopp, Lassagne.

Mimes, Cirques.

181. **Legrand** (Paul). Suite de 16 pièces. Notice biographique. Programmes des Funambules, Vaudevilles, etc., 16 pièces en un vol. gr. in-8 cart., dos et coins de toile bleue.

On a ajouté à cette réunion 8 lithographies, portraits de Paul Legrand et de Debureau.

182. **ACTEURS ACROBATES ET MIMES de Tivoli 1805.** Suite de 45 portraits à la plume, lavés d'aquarelle, collés sur papier fort et réunis en un album in-fol. dem.-toile r.

Dessins de l'époque. Portraits en pied des personnages suivants : Maillé, Martini, Bulozzi, Calardi, Barbier, Podesta, Fanelli, Thiéry, Feretti, Comte, Testu-Brissy, Calardi etc. Collection unique de ces mimes et acrobates célèbres.

183. **CIRQUE OLYMPIQUE.** Suite de 12 portraits équestres d'*Adolphe Franconi* et de *Paul*. Lithographies rehaussées d'aquarelle en un vol. in-4 cart., dos de percaline grise.

184. **Cirque Olympique.** *L'Eléphant du Roi de Siam*. Suite de 6 pièces in-4 coloriées (par Fauconnier, Lith. de Frey). Très rare.

185. **FRANCONI** (Les). A travers Paris, vers 1800. 46 portraits. Dessins originaux à la plume, la plupart rehaussés d'aquarelle ou d'encre de Chine et de sépia collés sur papier bleuté en un album in 4 dem.-perc. bleue

Curieux album sur les fameux écuyers et écuyères, ils sont représentés dans leurs costumes du Cirque des Capucines, de Tivoli, du Cirque de la rue Mont Thabor, etc.

186. **Danseuses et Clownesses.** 10 pointes sèches rehaussées d'aquarelle par *Robert-Kiss*, montées sur papier bleuté en un album in 4 cart., dos de perc. verte.

Portraits-Charges
Caricatures d'Artistes
d'Auteurs, de Directeurs.

187. **Calvin** (Paul). Artiste des Folies-Dramatiques. Suite de 18 grands dessins au crayon noir avec rehauts de blanc en un album in-fol. obl.

Portraits-Charges bien exécutés des artistes suivants: Plum, Hubert, Boisselot, A. Guyon, Auvray, Vavasseur, Markais, Dorlange, etc.

188. **Caricatures théâtrales** Suite de 16 planches coloriées par *Ang. de Valmont*. Lith. de Senefelder. *Histoire d'un Comédien*, 9 pl. *Histoire d'une Comédienne*, 6 pl. format in-4.

189. **Compositeurs et Chanteurs**. *Portraits-Charges*. Suite de 50 pièces, lithographies et gravures sur bois la plupart, par *Hadol, Carjat et Fusino*, collées sur papier bleuté et réunies en un vol. in-fol. toile.

Arban, H. Berlioz, Darcier, Fel. David, Gevaert, Halévy, P. Henrion, Meyerbeer, A. Musard, J. Offenbach, Rossini. Th. Semet, Strauss, Ambr. Thomas, Tamberlick, Duprez, Renard, Renard, Roger, etc., etc.

190. **Croquis de Théâtre** par *Pierre Morel*. Suite de 1 titre et 17 dessins à la plume, lavés d'aquarelle, collés sur pap. bleuté, en un vol. in-4 perc. mauve.

Curieux dessins: Au guichet du bureau, au contrôle, couloir des loges, Opéra. Une annonce. Etoile et future Etoile. Opéra Comique, Tragédie, Comédie, Travesti. Drame, Premier rôle, Deux figurants, Le Pompier galant, Trio d'amateurs, etc.

191. **Lavis de Théâtre**. Suite de 19 caricatures avec légendes. Dessins à la plume, lavis d'aquarelle par *Eugène Provost*, artiste de la Comédie-Française, en un album petit in-fol., cart. percaline.

192. **Mailly** (H.). Charges d'Acteurs, d'Auteurs, Compositeurs, Peintres, Sauteurs et Hommes politiques. Suite de 44 lithographies collées sur papier bleuté en un album in-4, cart. dos et coins de percaline marron.

Emile Olivier, de Bismark, Glais-Bizoin, E. Pelletan, Lhéritier, P. de Kock, H. Daumier, André Gill, Lachaud, Bonjour, E. Renan, G. Hainl, Th. Gautier, Rossini. Verdi, J. Offenbach, Darcier, Melingue, Fr. Lemaitre, Lassouche, Marie Laurent, Suzanne Lagier, etc., etc.

193. **Portraits et Charges** des Directeurs et Acteurs des Théâtres. Suite de 50 lithographies ou gravures sur bois réunies en un album in-fol. cart. toile.

Louis Lurine, Brindeau, Mme E. Doche, Dupuis, Félix, Lafontaine, Ribes, Christian et Raynard, Grenier, Lassagne et Potier, Hyacinthe, Lugues, Brasseur et Gil Perez, Henri Monnier, Ravel, Dumaine, Marie Laurent, Laurent, Frédéric Lemaitre, Parade, Melingue, Chilly, Alexandre, Dumaine, F. Febvre, Lacressionnière, Laferrière, Paulin-Menier, Ch. Percy, etc. etc.

194. **Portraits-Charges** d'Hommes de Lettres. Suite de 42 lithographies et gravures par *Carjat, Hadol, Giffard, Em. Bayard, A. Grévin*, etc. etc., collées sur papier bleuté en un vol. in-fol., cart. toile.

Ed. About, G. Aimard, Ph. Audebrand, Ch. Bataille, L. Bouilhet, Ph. Boyer, Ph. Chasles, Commerson, Ch. de Courcy, Oct. Feuillet, P. Feval, Ern Feydau, Em. de Girardin, E. et J. de Goncourt, O. Guéroult, A. Houssaye, etc., etc.

195. **Portraits-Charges** d'Artistes et d'Auteurs dramatiques célèbres. 57 lithographies noires et coloriées, tirées d'albums et de journaux, montées sur papier fort en un album in-fol. dem.-toile.

MM. Coquelin aîné, Mounet-Sully, Prud'hon, Petit, Maurel, Hyacinthe, Daubray, Les frères Lionnet, Dailly, Gil Pérez, etc., etc.

196. **Types de Théâtre**. Suite de 35 dessins originaux à la plume, par *Pierre Morel* en un album petit in-4 obl., cart. dos de toile verte.

Curieux et amusants dessins avec légendes.

197. **Luc**. Nos Théâtres et Concerts, 1901. 55 grav., portraits-charges, en un album in-4 percaline.

197 *bis*. **Albums divers**. Portraits d'acteurs et d'Actrices Parisiens, de Province, Acteurs et Actrices anglais. Scènes diverses.

198. **GALERIE THÉATRALE ET CONTEMPORAINE**, par *Victor Adam*. Suite complète de 6 planches in-4, lithogr. de Lemercier. Paris, Bulla, s. d., avec couverture imprimée. Exemplaire très frais (rare).

199. **Galipaux**. Pour une bouffée de tabac, monomime en 3 scènes joué par l'auteur. Suite de 17 gravures, tirées de journaux illustrés en un album in-4 cart., dos de perc.

200. **Sue** (Eugène). Les Mystères de Paris (Reprise, théâtre de l'Ambigu). Recueil de 16 gravures tirées des journaux. (Portraits des Acteurs et scènes du drame), en un album petit in-4, dos et coins de perc. mauve.

201. **THÉATRE DE NICOLET**. Suite de 15 dessins à la plume avec légers rehauts, attribués à *Carmontelle*, collés sur papier bleuté et réunis en un album in-4, cart. dos de perc. olive.

Portraits de Suier, Dublin et Paulin.

202. **THÉATRE DES VARIÉTÉS**. *Bouffes Parisiens, Délassements-Comiques Eden, Renaissance, Châtelet, Palais-Royal, Folies-Dramatiques*, 27 costumes, *dessins originaux* à la mine de plomb ou à la plume, lavis d'aquarelle par *Draner, Grévin, J. Cornillet, Clédat, de la Vigerie et Baron*, 27 pièces collées sur papier bleuté en un vol. in-4 cart., dos de percaline.

Très belle réunion d'artistes. Mlle *Schneider*, rôle de *Boulotte* dans *Barbe-Bleue* (2). — Mlles *Delorme*, Febvre et Silly, dans Voilà la Chose. Délassements comiques 1862. Mlle Silly, Variétés, 1852. — Mme Judic dans la Timbale d'Argent, théâtre des Bouffes. Mlle Siéba de l'Eden. — Mlle Zulma Bouffar dans la Camargo, à la Renaissance. Mlle Germaine dans les Pilules du Diable. Châtelet. Mlle Marguerite Ugalde aux Bouffes. Zulma Bouffar, dans le Château à Toto, Palais Royal 1868, etc.

203. **THÉATRE DES PROVINCES** Françaises des XVII et XVIIIe siècles. 27 dessins exécutés au XVIIIe siècle à la plume, lavés de sépia ou rehaussés d'aquarelle.

Bellier amoureux dans les pièces de Molière Mmes *Berthelot*, *Bilallier*, avait joué avec Molière, *Boutin* jouait le répertoire de Molière *Bovard*, troupe de Molière, *Brochant*, 1660, Bronod, Mlle Copin, actrice comique, Mlle Dageste, soubrette, Desbarots, 1700, Du Bos, comique, Duret, acteur en 1700, Mlle Lapaix, jouait à Lyon le répertoire de Molière, 1700, etc., etc.

204. **Acteurs et Actrices Anglais**. Suite de 26 planches gravées publiées à Londres chez *J. Wenman* en 1778, réunis en un vol. in-8, dem.-chagr.

MM. Aickin Baddeley, Clarke, Diggs Dunstal, Foote, Garrick, Hender, King, Macklin, etc. MMiss Hartley, P. Hopkins, Yates, etc.

205 **Artistes Anglais**. Suite de 24 portraits chromolith., découpés et collés sur papier bleu en un vol. in-4, dos et coins de chagrin rouge.

Acteurs et Actrices Anglais vers 1883.

206. **Gallery of living actors**, containin 24 Theatrical portraicts and biographies extracted from " Actors by Gaslight " 1839 coupures collées sur papier bleuté en un album in-4 cart., dos et coins de percaline verte.

On a traduit en français sur les marges de l'album, la biographie de chaque artiste.

Costumes de Théâtre, Décors

207. **Costumes de Théâtre**. Suite de 90 gravures, lithographies noires et coloriées. Portraits d'*Artistes et Scènes de Théâtre*, collés sur papier de Hollande, en un album in-4, dem.-perc.

Portraits d'après Hippolyte Lecomte, Vigneron, Devéria, Geoffroy, H. Leprince, Léon Noël, A. Menut, etc.

208. **Naufrage de Lapeyrouse** (Le), pièce jouée en 1856. Suite de 15 dessins originaux de *H. Ballue* et 1 dessin d'*Eust. Lorsay*. Ensemble 16 pièces à la mine de plomb, rehaussées d'aquarelle, collées sur papier bleuté en un album in-4, dem -perc. verte foncée.

Portraits d'Henri Luguet, Charly, Maurice Coste, Colbrun, Bousquet, Marchand, Hodin, Brichard, Lagedieu, Espinosa, etc.

209. **Costumes**. Bruxelles-Revue, 1865. Théâtre des Galeries Saint-Hubert. 30 dessins à la mine de plomb, collés sur papier bleuté en un album in-4, cart., dos de percaline verte.

Rôles de l'année 1865, de la Bourse, de la Politique, du Congolais, de l'Emprunt Turc, de la Boite d'allumettes, de l'Etoile, de la Station du Nord, du Jardin Botanique, etc., etc.

210. **Costumes de Théâtre** par *Montréal*, le spirituel revuiste. Suite de 28 dessins originaux à la mine de plomb et à la plume, lavés d'aquarelle, collés sur papier bleuté en un album in-4, cart. de perc. grise.

Dessins la plupart signés : MMlles Donve, Lise Tautin, Angèle, du théâtre des Variétés, Belhzy (Théâtre du Château d'Eau). Pélagie Colbrun (Théâtre Déjazet), Tassilly (Château d'Eau), Quérette (Déjazet), Jenny, Clara, Lemonnier (Château d'Eau), etc., etc.

211. **Costumes** pour le *Théâtre*. Suite de 100 petits *dessins originaux* à la plume, lavés d'aquarelle, par *Désiré Chesneux*, collés sur papier bleuté en un album petit in-4, dos de toile.

212. **Gray** (H.). Suite de 16 dessins originaux à la mine de plomb, lavés d'aquarelle et de gouache. *Dessins signés.*

Charmants dessins de femmes costumées représentant l'Opéra, l'Opéra-Comique, l'Odéon, le Gymnase, les Variétés, le Vaudeville, la Porte St-Martin, les Nouveautés, Demi-Vierge, la Pelote, l'Allumette etc.

213. **Sardou** (V.). Costumes du Directoire, tirés des *Merveilleuses*, avec une lettre de M. *Victorien Sardou*. 30 eaux-fortes de *A. Guillaumot fils*. Portrait de M. *V. Sardou*. Paris, Rouquette, 1875, in-4, en feuilles.

214. **Sardou** (V.). Ph. **Gille** et G. **Lecocq**. Costumes du XVIIIe siècle, tirés des *Prés Saint-Gervais*, 20 eaux-fortes de *Guillaumot fils* d'après les dessins de M. *Draner*. Paris, Rouquette, 1874, in-4, en feuilles.

215. **Scènes et Costumes** de *Théâtre*. 90 images ou découpures représentant des portraits ou scènes de théâtre, collées sur papier bleuté en un album in-4 obl.

216. **Quinault** et **Lully**. Décors de Roland, tragédie lyrique en 5 actes. Paroles de *Quinault*, musique de *Lully* (1685). Suite de 6 pièces, représentant les scènes de cette tragédie, gravures en taille-douce montées sur papier bleuté en un album in-4, obl., dem.-percaline.

217. **Décors des " Misérables "**, drame de Victor Hugo. 5 maquettes de la pièce, format in-4.

218. Sous ce numéro il sera vendu en lots un certain nombre de volumes reliés et brochés.

GRANDE IMPRIMERIE DU CENTRE. — HERBIN, MONTLUÇON

ORDRE DE LA VACATION

Nos 1 à 57.

Nos 58 à 217.

Livres en lots.

www.ingramcontent.com/pod-product-compliance
Ingram Content Group UK Ltd.
Pitfield, Milton Keynes, MK11 3LW, UK
UKHW022139260726
13993UKWH00005B/2047

9 782329 550893